TRANZLATY

La Langue est pour tout le Monde

Język jest dla każdego

La Belle et la Bête

Piękna i Bestia

Gabrielle-Suzanne Barbot de Villeneuve

Français / Polski

Copyright © 2025 Tranzlaty
All rights reserved
Published by Tranzlaty
ISBN: 978-1-80572-056-0
Original text by Gabrielle-Suzanne Barbot de Villeneuve
La Belle et la Bête
First published in French in 1740
Taken from The Blue Fairy Book (Andrew Lang)
Illustration by Walter Crane
www.tranzlaty.com

Il était une fois un riche marchand
Był sobie bogaty kupiec
ce riche marchand avait six enfants
ten bogaty kupiec miał sześcioro dzieci
il avait trois fils et trois filles
miał trzech synów i trzy córki
il n'a épargné aucun coût pour leur éducation
nie szczędził kosztów na ich edukację
parce qu'il était un homme sensé
ponieważ był człowiekiem rozsądnym
mais il a donné à ses enfants de nombreux serviteurs
ale dał swoim dzieciom wiele sług
ses filles étaient extrêmement jolies
jego córki były niezwykle ładne
et sa plus jeune fille était particulièrement jolie
a jego najmłodsza córka była szczególnie ładna
Déjà enfant, sa beauté était admirée
już jako dziecko podziwiano jej urodę
et les gens l'appelaient à cause de sa beauté
a ludzie nazywali ją ze względu na jej urodę
sa beauté ne s'est pas estompée avec l'âge
jej uroda nie przeminęła, gdy się zestarzała
alors les gens ont continué à l'appeler par sa beauté
więc ludzie nadal nazywali ją ze względu na jej urodę
cela a rendu ses sœurs très jalouses
to sprawiło, że jej siostry były bardzo zazdrosne
les deux filles aînées avaient beaucoup de fierté
dwie starsze córki były bardzo dumne
leur richesse était la source de leur fierté
ich bogactwo było źródłem ich dumy
et ils n'ont pas caché leur fierté non plus
i nie kryli swojej dumy
ils n'ont pas rendu visite aux filles d'autres marchands
nie odwiedzali córek innych kupców
parce qu'ils ne rencontrent que l'aristocratie
ponieważ spotykają się tylko z arystokracją

ils sortaient tous les jours pour faire la fête
chodzili codziennie na imprezy
bals, pièces de théâtre, concerts, etc.
bale, przedstawienia, koncerty itp.
et ils se moquèrent de leur plus jeune sœur
i śmiali się ze swojej najmłodszej siostry
parce qu'elle passait la plupart de son temps à lire
ponieważ większość czasu spędzała na czytaniu
il était bien connu qu'ils étaient riches
było powszechnie wiadome, że byli bogaci
alors plusieurs marchands éminents ont demandé leur main
więc kilku wybitnych kupców poprosiło o ich rękę
mais ils ont dit qu'ils n'allaient pas se marier
ale powiedzieli, że nie zamierzają się pobrać
mais ils étaient prêts à faire quelques exceptions
ale byli gotowi zrobić pewne wyjątki
« Peut-être que je pourrais épouser un duc »
„może mogłabym poślubić księcia"
« Je suppose que je pourrais épouser un comte »
„Myślę, że mogłabym poślubić hrabiego"
Belle a remercié très civilement ceux qui lui ont proposé
piękność bardzo uprzejmie podziękowała tym, którzy się jej oświadczyli
elle leur a dit qu'elle était encore trop jeune pour se marier
powiedziała im, że jest jeszcze za młoda, żeby wyjść za mąż
elle voulait rester quelques années de plus avec son père
chciała zostać jeszcze kilka lat ze swoim ojcem
Tout d'un coup, le marchand a perdu sa fortune
Nagle kupiec stracił cały majątek
il a tout perdu sauf une petite maison de campagne
stracił wszystko oprócz małego domu na wsi
et il dit à ses enfants, les larmes aux yeux :
i ze łzami w oczach mówił swoim dzieciom:
« il faut aller à la campagne »
„Musimy pojechać na wieś"
« et nous devons travailler pour gagner notre vie »

„i musimy pracować na swoje utrzymanie"
les deux filles aînées ne voulaient pas quitter la ville
dwie starsze córki nie chciały opuszczać miasta
ils avaient plusieurs amants dans la ville
mieli kilku kochanków w mieście
et ils étaient sûrs que l'un de leurs amants les épouserait
i byli pewni, że któryś z ich kochanków się z nimi ożeni
ils pensaient que leurs amants les épouseraient même sans fortune
myśleli, że ich kochankowie poślubią je nawet bez majątku
mais les bonnes dames se sont trompées
ale dobre damy się myliły
leurs amants les ont abandonnés très vite
ich kochankowie bardzo szybko ich porzucili
parce qu'ils n'avaient plus de fortune
ponieważ nie mieli już żadnych majątków
cela a montré qu'ils n'étaient pas vraiment appréciés
pokazało to, że tak naprawdę nie byli lubiani
tout le monde a dit qu'ils ne méritaient pas d'être plaints
wszyscy mówili, że nie zasługują na litość
« Nous sommes heureux de voir leur fierté humiliée »
„jesteśmy szczęśliwi widząc ich dumę upokorzoną"
« Qu'ils soient fiers de traire les vaches »
„niech będą dumni z dojenia krów"
mais ils étaient préoccupés par Belle
ale zależało im na pięknie
elle était une créature si douce
była takim słodkim stworzeniem
elle parlait si gentiment aux pauvres
mówiła tak życzliwie do biednych ludzi
et elle était d'une nature si innocente
i była tak niewinna
Plusieurs messieurs l'auraient épousée
Kilku dżentelmenów by ją poślubiło
ils l'auraient épousée même si elle était pauvre
wzięliby ją za żonę, nawet gdyby była biedna

mais elle leur a dit qu'elle ne pouvait pas les épouser
ale powiedziała im, że nie może ich poślubić
parce qu'elle ne voulait pas quitter son père
ponieważ nie chciała opuścić ojca
elle était déterminée à l'accompagner à la campagne
była zdecydowana pojechać z nim na wieś
afin qu'elle puisse le réconforter et l'aider
aby mogła go pocieszyć i pomóc
pauvre Belle était très affligée au début
Biedna piękność była na początku bardzo zasmucona
elle était attristée par la perte de sa fortune
była zmartwiona utratą majątku
"Mais pleurer ne changera pas mon destin"
„ale płacz nie zmieni mojego losu"
« Je dois essayer de me rendre heureux sans richesse »
„Muszę spróbować uszczęśliwić siebie bez bogactwa"
ils sont venus dans leur maison de campagne
przyjechali do swojego domu na wsi
et le marchand et ses trois fils s'appliquèrent à l'agriculture
a kupiec i jego trzej synowie zajęli się rolnictwem
Belle s'est levée à quatre heures du matin
Piękność wzeszła o czwartej rano
et elle s'est dépêchée de nettoyer la maison
i pospieszyła się, żeby posprzątać dom
et elle s'est assurée que le dîner était prêt
i upewniła się, że kolacja jest gotowa
au début, elle a trouvé sa nouvelle vie très difficile
na początku nowe życie wydawało jej się bardzo trudne
parce qu'elle n'était pas habituée à un tel travail
ponieważ nie była przyzwyczajona do takiej pracy
mais en moins de deux mois elle est devenue plus forte
ale w niecałe dwa miesiące stała się silniejsza
et elle était en meilleure santé que jamais auparavant
i była zdrowsza niż kiedykolwiek wcześniej
après avoir fait son travail, elle a lu
po skończeniu pracy przeczytała

elle jouait du clavecin
grała na klawesynie
ou elle chantait en filant de la soie
lub śpiewała, przędąc jedwab
au contraire, ses deux sœurs ne savaient pas comment passer leur temps
wręcz przeciwnie, jej dwie siostry nie wiedziały, jak spędzać czas
ils se sont levés à dix heures et n'ont rien fait d'autre que paresser toute la journée
wstali o dziesiątej i cały dzień nic nie robili, tylko leniuchowali
ils ont déploré la perte de leurs beaux vêtements
opłakiwali utratę swoich pięknych ubrań
et ils se sont plaints d'avoir perdu leurs connaissances
i narzekali na utratę znajomych
« Regardez notre plus jeune sœur », se dirent-ils.
„Spójrzcie na naszą najmłodszą siostrę" – powiedzieli sobie
"Quelle pauvre et stupide créature elle est"
„jakież to biedne i głupie stworzenie"
"C'est mesquin de se contenter de si peu"
„to niesprawiedliwe zadowalać się tak małym"
le gentil marchand était d'un avis tout à fait différent
miły kupiec był zupełnie innego zdania
il savait très bien que Belle éclipsait ses sœurs
wiedział doskonale, że piękno przyćmiewa jej siostry
elle les a surpassés en caractère ainsi qu'en esprit
przyćmiła ich zarówno charakterem, jak i umysłem
il admirait son humilité et son travail acharné
podziwiał jej pokorę i ciężką pracę
mais il admirait surtout sa patience
ale najbardziej podziwiał jej cierpliwość
ses sœurs lui ont laissé tout le travail à faire
jej siostry zostawiły jej całą pracę do wykonania
et ils l'insultaient à chaque instant
i obrażali ją co chwilę
La famille vivait ainsi depuis environ un an.

Rodzina żyła w ten sposób przez około rok
puis le commerçant a reçu une lettre d'un comptable
potem kupiec dostał list od księgowego
il avait un investissement dans un navire
miał inwestycję w statek
et le navire était arrivé sain et sauf
i statek bezpiecznie dotarł na miejsce
Cette nouvelle a fait tourner les têtes des deux filles aînées
Ta wiadomość zawróciła w głowach dwóm najstarszym córkom
ils ont immédiatement eu l'espoir de revenir en ville
od razu mieli nadzieję na powrót do miasta
parce qu'ils étaient assez fatigués de la vie à la campagne
ponieważ byli już zmęczeni życiem na wsi
ils sont allés vers leur père alors qu'il partait
poszli do ojca, gdy ten wychodził
ils l'ont supplié de leur acheter de nouveaux vêtements
błagali go, żeby kupił im nowe ubrania
des robes, des rubans et toutes sortes de petites choses
sukienki, wstążki i wszelkiego rodzaju drobiazgi
mais Belle n'a rien demandé
ale piękność o nic nie prosiła
parce qu'elle pensait que l'argent ne serait pas suffisant
ponieważ myślała, że pieniędzy nie wystarczy
il n'y aurait pas assez pour acheter tout ce que ses sœurs voulaient
nie wystarczyłoby na zakup wszystkiego, czego chciały jej siostry
"Que veux-tu, ma belle ?" demanda son père
„Czego sobie życzysz, ślicznotko?" – zapytał jej ojciec.
« Merci, père, pour la bonté de penser à moi », dit-elle
„Dziękuję Ci, Ojcze, za to, że o mnie pomyślałeś" – powiedziała
« Père, ayez la gentillesse de m'apporter une rose »
„Ojcze, bądź tak miły i przynieś mi różę"
"parce qu'aucune rose ne pousse ici dans le jardin"

„ponieważ w naszym ogrodzie nie rosną żadne róże"
"et les roses sont une sorte de rareté"
„a róże są pewnego rodzaju rzadkością"
Belle ne se souciait pas vraiment des roses
Piękność nie przepadała za różami
elle a juste demandé quelque chose pour ne pas condamner ses sœurs
prosiła tylko o coś, żeby nie potępiać swoich sióstr
mais ses sœurs pensaient qu'elle avait demandé des roses pour d'autres raisons
ale jej siostry myślały, że prosiła o róże z innych powodów
"Elle l'a fait juste pour avoir l'air particulière"
„zrobiła to tylko po to, żeby wyglądać szczególnie"
L'homme gentil est parti en voyage
Dobry człowiek wyruszył w swoją podróż
mais quand il est arrivé, ils se sont disputés à propos de la marchandise
ale kiedy przybył, pokłócili się o towar
et après beaucoup d'ennuis, il est revenu aussi pauvre qu'avant
i po wielu kłopotach wrócił tak samo biedny jak poprzednio
il était à quelques heures de sa propre maison
był kilka godzin od swojego domu
et il imaginait déjà la joie de revoir ses enfants
i już wyobrażał sobie radość, jaką będzie miał widok swoich dzieci
mais en traversant la forêt, il s'est perdu
ale idąc przez las zgubił się
il a plu et neigé terriblement
strasznie padał deszcz i śnieg
le vent était si fort qu'il l'a fait tomber de son cheval
wiatr był tak silny, że zrzucił go z konia
et la nuit arrivait rapidement
a noc nadchodziła szybko
il a commencé à penser qu'il pourrait mourir de faim
zaczął myśleć, że może umrzeć z głodu

et il pensait qu'il pourrait mourir de froid
i myślał, że zamarznie na śmierć
et il pensait que les loups pourraient le manger
i myślał, że wilki mogą go zjeść
les loups qu'il entendait hurler tout autour de lui
wilki, które słyszał wyjące wokół siebie
mais tout à coup il a vu une lumière
ale nagle zobaczył światło
il a vu la lumière au loin à travers les arbres
zobaczył światło w oddali przez drzewa
quand il s'est approché, il a vu que la lumière était un palais
gdy podszedł bliżej zobaczył, że światło było pałacem
le palais était illuminé de haut en bas
pałac był oświetlony od góry do dołu
le marchand a remercié Dieu pour sa chance
Kupiec podziękował Bogu za swoje szczęście
et il se précipita vers le palais
i pośpieszył do pałacu
mais il fut surpris de ne voir personne dans le palais
ale był zaskoczony, że nie było tam żadnych ludzi
la cour était complètement vide
dziedziniec był całkowicie pusty
et il n'y avait aucun signe de vie nulle part
i nigdzie nie było śladu życia
son cheval le suivit dans le palais
jego koń podążył za nim do pałacu
et puis son cheval a trouvé une grande écurie
a potem jego koń znalazł dużą stajnię
le pauvre animal était presque affamé
biedne zwierzę było prawie głodne
alors son cheval est allé chercher du foin et de l'avoine
więc jego koń poszedł szukać siana i owsa
Heureusement, il a trouvé beaucoup à manger
na szczęście znalazł dużo jedzenia
et le marchand attacha son cheval à la mangeoire
a kupiec przywiązał konia do żłobu

En marchant vers la maison, il n'a vu personne
idąc w stronę domu nie widział nikogo
mais dans une grande salle il trouva un bon feu
ale w dużej sali znalazł dobry ogień
et il a trouvé une table dressée pour une personne
i znalazł stół nakryty dla jednej osoby
il était mouillé par la pluie et la neige
był mokry od deszczu i śniegu
alors il s'est approché du feu pour se sécher
więc podszedł do ognia, żeby się osuszyć
« J'espère que le maître de maison m'excusera »
„Mam nadzieję, że gospodarz domu mnie wybaczy"
« Je suppose qu'il ne faudra pas longtemps pour que quelqu'un apparaisse »
„Myślę, że nie potrwa długo, zanim ktoś się pojawi"
Il a attendu un temps considérable
Czekał dość długo
il a attendu jusqu'à ce que onze heures sonnent, et toujours personne n'est venu
czekał, aż wybiła jedenasta, ale nadal nikt nie przyszedł
enfin, il avait tellement faim qu'il ne pouvait plus attendre
w końcu był tak głodny, że nie mógł już dłużej czekać
il a pris du poulet et l'a mangé en deux bouchées
wziął trochę kurczaka i zjadł go w dwóch kęsach
il tremblait en mangeant la nourriture
trząsł się jedząc jedzenie
après cela, il a bu quelques verres de vin
potem wypił kilka kieliszków wina
devenant plus courageux, il sortit du hall
stając się coraz odważniejszym wyszedł z sali
et il traversa plusieurs grandes salles
i przeszedł przez kilka wspaniałych sal
il a traversé le palais jusqu'à ce qu'il arrive dans une chambre
przeszedł przez pałac, aż wszedł do komnaty
une chambre qui contenait un très bon lit

komnata, w której znajdowało się wyjątkowo dobre łóżko
il était très fatigué par son épreuve
był bardzo zmęczony tym, co go spotkało
et il était déjà minuit passé
a była już po północy
alors il a décidé qu'il était préférable de fermer la porte
więc postanowił, że najlepiej będzie zamknąć drzwi
et il a conclu qu'il devrait aller se coucher
i doszedł do wniosku, że powinien iść spać
Il était dix heures du matin lorsque le marchand s'est réveillé
Była dziesiąta rano, gdy kupiec się obudził
au moment où il allait se lever, il vit quelque chose
gdy miał już wstać, zobaczył coś
il a été étonné de voir un ensemble de vêtements propres
ze zdumieniem zobaczył czysty zestaw ubrań
à l'endroit où il avait laissé ses vêtements sales
w miejscu, gdzie zostawił swoje brudne ubrania
"ce palais appartient certainement à une sorte de fée"
„z pewnością ten pałac należy do jakiejś wróżki"
" une fée qui m'a vu et qui a eu pitié de moi"
„ wróżka , która mnie zobaczyła i zlitowała się nade mną"
il a regardé à travers une fenêtre
spojrzał przez okno
mais au lieu de neige, il vit le jardin le plus charmant
ale zamiast śniegu zobaczył najpiękniejszy ogród
et dans le jardin il y avait les plus belles roses
a w ogrodzie były najpiękniejsze róże
il est ensuite retourné dans la grande salle
następnie wrócił do wielkiej sali
la salle où il avait mangé de la soupe la veille
sala, w której poprzedniego wieczoru jadł zupę
et il a trouvé du chocolat sur une petite table
i znalazł trochę czekolady na małym stoliku
« Merci, bonne Madame la Fée », dit-il à voix haute.
„Dziękuję, dobra Wróżko" – powiedział głośno

"Merci d'être si attentionné"
„dziękuję za troskę"
« Je vous suis extrêmement reconnaissant pour toutes vos faveurs »
„Jestem Ci niezmiernie zobowiązany za wszystkie przysługi"
l'homme gentil a bu son chocolat
miły człowiek wypił swoją czekoladę
et puis il est allé chercher son cheval
a potem poszedł szukać swojego konia
mais dans le jardin il se souvint de la demande de Belle
ale w ogrodzie przypomniał sobie prośbę piękności
et il coupa une branche de roses
i odciął gałązkę róży
immédiatement il entendit un grand bruit
natychmiast usłyszał wielki hałas
et il vit une bête terriblement effrayante
i zobaczył strasznie przerażającą bestię
il était tellement effrayé qu'il était sur le point de s'évanouir
był tak przestraszony, że miał ochotę zemdleć
« Tu es bien ingrat », lui dit la bête.
„Jesteś bardzo niewdzięczny" – powiedziało do niego zwierzę
et la bête parla d'une voix terrible
a bestia przemówiła strasznym głosem
« Je t'ai sauvé la vie en te laissant entrer dans mon château »
„Uratowałem ci życie, pozwalając ci wejść do mojego zamku"
"et pour ça tu me voles mes roses en retour ?"
„a ty w zamian kradniesz moje róże?"
« Les roses que j'apprécie plus que tout »
„Róże, które cenię ponad wszystko"
"mais tu mourras pour ce que tu as fait"
„ale umrzesz za to, co zrobiłeś"
« Je ne vous donne qu'un quart d'heure pour vous préparer »
„Daję ci tylko kwadrans na przygotowanie się"
« Préparez-vous à la mort et dites vos prières »
„przygotuj się na śmierć i odmów modlitwę"
le marchand tomba à genoux

Kupiec padł na kolana
et il leva ses deux mains
i podniósł obie ręce
« Monseigneur, je vous supplie de me pardonner »
„Mój panie, proszę cię o wybaczenie"
« Je n'avais aucune intention de t'offenser »
„Nie miałem zamiaru cię urazić"
« J'ai cueilli une rose pour une de mes filles »
„Zebrałem różę dla jednej z moich córek"
"elle m'a demandé de lui apporter une rose"
„poprosiła mnie, żebym przyniósł jej różę"
« Je ne suis pas ton seigneur, mais je suis une bête », répondit le monstre
„Nie jestem twoim panem, ale jestem zwierzęciem" – odpowiedział potwór
« Je n'aime pas les compliments »
„Nie lubię komplementów"
« J'aime les gens qui parlent comme ils pensent »
„Lubię ludzi, którzy mówią tak, jak myślą"
« N'imaginez pas que je puisse être ému par la flatterie »
„nie wyobrażaj sobie, że mogę być poruszony pochlebstwem"
« Mais tu dis que tu as des filles »
„Ale mówisz, że masz córki"
"Je te pardonnerai à une condition"
„Wybaczę ci pod jednym warunkiem"
« L'une de vos filles doit venir volontairement à mon palais »
„jedna z twoich córek musi przyjść do mojego pałacu z własnej woli"
"et elle doit souffrir pour toi"
„i ona musi cierpieć za ciebie"
« Donne-moi ta parole »
„Daj mi swoje słowo"
"et ensuite tu pourras vaquer à tes occupations"
„a potem możesz zająć się swoimi sprawami"
« Promets-moi ceci : »

"Obiecaj mi to:"
"Si votre fille refuse de mourir pour vous, vous devez revenir dans les trois mois"
„Jeśli twoja córka nie chce umrzeć za ciebie, musisz wrócić w ciągu trzech miesięcy"
le marchand n'avait aucune intention de sacrifier ses filles
kupiec nie miał zamiaru poświęcić swoich córek
mais, comme on lui en donnait le temps, il voulait revoir ses filles une fois de plus
ale skoro miał czas, chciał jeszcze raz zobaczyć swoje córki
alors il a promis qu'il reviendrait
więc obiecał, że wróci
et la bête lui dit qu'il pouvait partir quand il le voudrait
a bestia powiedziała mu, że może wyruszyć, kiedy zechce
et la bête lui dit encore une chose
a bestia powiedziała mu jeszcze jedną rzecz
« Tu ne partiras pas les mains vides »
„Nie odejdziesz z pustymi rękami"
« retourne dans la pièce où tu étais allongé »
"wróć do pokoju, w którym leżałeś"
« vous verrez un grand coffre au trésor vide »
„zobaczysz wielką, pustą skrzynię ze skarbami"
« Remplissez le coffre aux trésors avec ce que vous préférez »
„napełnij skrzynię skarbów tym, co lubisz najbardziej"
"et j'enverrai le coffre au trésor chez toi"
„i wyślę skrzynię ze skarbami do twojego domu"
et en même temps la bête s'est retirée
i w tym samym momencie bestia się wycofała
« Eh bien, » se dit le bon homme
„Cóż" – powiedział do siebie dobry człowiek
« Si je dois mourir, je laisserai au moins quelque chose à mes enfants »
„Jeśli muszę umrzeć, to przynajmniej zostawię coś moim dzieciom"
alors il retourna dans la chambre à coucher

więc wrócił do sypialni
et il a trouvé une grande quantité de pièces d'or
i znalazł mnóstwo sztuk złota
il a rempli le coffre au trésor que la bête avait mentionné
napełnił skrzynię ze skarbami, o której wspominała bestia
et il sortit son cheval de l'écurie
i wyprowadził konia ze stajni
la joie qu'il ressentait en entrant dans le palais était désormais égale à la douleur qu'il ressentait en le quittant
radość, którą czuł wchodząc do pałacu, była teraz równa żalowi, jaki czuł opuszczając go
le cheval a pris un des chemins de la forêt
koń wziął jedną z dróg leśnych
et quelques heures plus tard, le bon homme était à la maison
i po kilku godzinach dobry człowiek był już w domu
ses enfants sont venus à lui
jego dzieci przyszły do niego
mais au lieu de recevoir leurs étreintes avec plaisir, il les regardait
ale zamiast przyjąć ich uściski z przyjemnością, spojrzał na nich
il brandit la branche qu'il tenait dans ses mains
podniósł gałąź, którą trzymał w rękach
et puis il a fondu en larmes
i wtedy wybuchnął płaczem
« Belle », dit-il, « s'il te plaît, prends ces roses »
„Piękno" – powiedział – „proszę, weź te róże"
"Vous ne pouvez pas savoir à quel point ces roses ont été chères"
„nie możesz wiedzieć, jak drogie były te róże"
"Ces roses ont coûté la vie à ton père"
„te róże kosztowały twojego ojca życie"
et puis il raconta sa fatale aventure
a potem opowiedział o swojej fatalnej przygodzie
immédiatement les deux sœurs aînées crièrent
natychmiast dwie starsze siostry krzyknęły

et ils ont dit beaucoup de choses méchantes à leur belle sœur
i mówili wiele przykrych rzeczy swojej pięknej siostrze
mais Belle n'a pas pleuré du tout
ale piękność wcale nie płakała
« Regardez l'orgueil de ce petit misérable », dirent-ils.
„Spójrzcie na dumę tego małego nędznika" – powiedzieli
"elle n'a pas demandé de beaux vêtements"
„nie prosiła o eleganckie ubrania"
"Elle aurait dû faire ce que nous avons fait"
„powinna była zrobić to, co my"
"elle voulait se distinguer"
„chciała się wyróżnić"
"alors maintenant elle sera la mort de notre père"
„więc teraz ona będzie śmiercią naszego ojca"
"et pourtant elle ne verse pas une larme"
„a jednak nie uroniła ani jednej łzy"
"Pourquoi devrais-je pleurer ?" répondit Belle
„Dlaczego miałabym płakać?" odpowiedziała piękność
« pleurer serait très inutile »
„płacz byłby zupełnie niepotrzebny"
« Mon père ne souffrira pas pour moi »
„mój ojciec nie będzie cierpiał za mnie"
"le monstre acceptera une de ses filles"
„potwór zaakceptuje jedną ze swoich córek"
« Je m'offrirai à toute sa fureur »
„Oddam się całemu jego gniewowi"
« Je suis très heureux, car ma mort sauvera la vie de mon père »
„Jestem bardzo szczęśliwy, bo moja śmierć uratuje życie mojemu ojcu"
"ma mort sera une preuve de mon amour"
„moja śmierć będzie dowodem mojej miłości"
« Non, ma sœur », dirent ses trois frères
„Nie, siostro" – powiedzieli jej trzej bracia
"cela ne sera pas"
„to się nie zdarzy"

"nous allons chercher le monstre"
„pójdziemy znaleźć potwora"
"et soit on le tue..."
"i albo go zabijemy..."
« ... ou nous périrons dans cette tentative »
„...lub zginiemy w próbie"
« N'imaginez rien de tel, mes fils », dit le marchand.
„Nie wyobrażajcie sobie niczego takiego, moi synowie" – powiedział kupiec
"La puissance de la bête est si grande que je n'ai aucun espoir que tu puisses la vaincre"
„siła bestii jest tak wielka, że nie mam nadziei, że zdołasz ją pokonać"
« Je suis charmé par l'offre aimable et généreuse de Belle »
„Jestem oczarowany miłą i hojną ofertą piękna"
"mais je ne peux pas accepter sa générosité"
„ale nie mogę przyjąć jej hojności"
« Je suis vieux et je n'ai plus beaucoup de temps à vivre »
„Jestem stary i nie zostało mi już dużo czasu"
"Je ne peux donc perdre que quelques années"
„więc mogę stracić tylko kilka lat"
"un temps que je regrette pour vous, mes chers enfants"
„czas, którego żałuję za was, moje drogie dzieci"
« Mais père », dit Belle
„Ale ojcze" – powiedziała piękność
"tu n'iras pas au palais sans moi"
„nie pójdziesz do pałacu beze mnie"
"tu ne peux pas m'empêcher de te suivre"
„nie możesz mi zabronić podążania za tobą"
rien ne pourrait convaincre Belle autrement
nic nie mogłoby przekonać piękna inaczej
elle a insisté pour aller au beau palais
nalegała na pójście do pięknego pałacu
et ses sœurs étaient ravies de son insistance
a jej siostry były zachwycone jej uporem
Le marchand était inquiet à l'idée de perdre sa fille

Kupiec martwił się myślą o stracie córki
il était tellement inquiet qu'il avait oublié le coffre rempli d'or
był tak zmartwiony, że zapomniał o skrzyni pełnej złota
la nuit, il se retirait pour se reposer et fermait la porte de sa chambre
wieczorem udał się na spoczynek i zamknął drzwi swojej komnaty
puis, à sa grande surprise, il trouva le trésor à côté de son lit
potem, ku swemu wielkiemu zdziwieniu, znalazł skarb przy łóżku
il était déterminé à ne rien dire à ses enfants
postanowił nie mówić o tym swoim dzieciom
s'ils savaient, ils auraient voulu retourner en ville
gdyby wiedzieli, chcieliby wrócić do miasta
et il était résolu à ne pas quitter la campagne
i postanowił nie opuszczać wsi
mais il confia le secret à Belle
ale powierzył piękności sekret
elle l'informa que deux messieurs étaient venus
poinformowała go, że przyszło dwóch panów
et ils ont fait des propositions à ses sœurs
i złożyli propozycje jej siostrom
elle a supplié son père de consentir à leur mariage
błagała ojca o zgodę na ich ślub
et elle lui a demandé de leur donner une partie de sa fortune
i poprosiła go, żeby dał im część swojego majątku
elle leur avait déjà pardonné
ona już im wybaczyła
les méchantes créatures se frottaient les yeux avec des oignons
niegodziwe stworzenia przecierały oczy cebulą
pour forcer quelques larmes quand ils se sont séparés de leur sœur
wymusić łzy, gdy rozstawali się ze swoją siostrą
mais ses frères étaient vraiment inquiets

ale jej bracia naprawdę się martwili
Belle était la seule à ne pas verser de larmes
Piękność była jedyną, która nie uroniła ani jednej łzy
elle ne voulait pas augmenter leur malaise
nie chciała zwiększać ich niepokoju
le cheval a pris la route directe vers le palais
koń pojechał prostą drogą do pałacu
et vers le soir ils virent le palais illuminé
a pod wieczór ujrzeli oświetlony pałac
le cheval est rentré à l'écurie
koń sam znowu wszedł do stajni
et le bon homme et sa fille entrèrent dans la grande salle
i dobry człowiek i jego córka poszli do wielkiej sali
ici ils ont trouvé une table magnifiquement dressée
tutaj znaleźli stół wspaniale zastawiony
le marchand n'avait pas d'appétit pour manger
kupiec nie miał apetytu na jedzenie
mais Belle s'efforçait de paraître joyeuse
ale piękność starała się wyglądać radośnie
elle s'est assise à table et a aidé son père
usiadła przy stole i pomogła ojcu
mais elle pensait aussi :
ale pomyślała też:
"La bête veut sûrement m'engraisser avant de me manger"
„Bestia na pewno chce mnie utuczyć zanim mnie zje"
"c'est pourquoi il offre autant de divertissement"
„dlatego zapewnia tak dużo rozrywki"
après avoir mangé, ils entendirent un grand bruit
po jedzeniu usłyszeli wielki hałas
et le marchand fit ses adieux à son malheureux enfant, les larmes aux yeux
a kupiec pożegnał swoje nieszczęsne dziecko ze łzami w oczach
parce qu'il savait que la bête allait venir
ponieważ wiedział, że bestia nadchodzi
Belle était terrifiée par sa forme horrible

Piękność była przerażona jego okropną postacią
mais elle a pris courage du mieux qu'elle a pu
ale zebrała się na odwagę, tak jak potrafiła
et le monstre lui a demandé si elle était venue volontairement
a potwór zapytał ją, czy przyszła dobrowolnie
"Oui, je suis venue volontiers", dit-elle en tremblant
„tak, przyszłam z własnej woli" – powiedziała drżąc
la bête répondit : « Tu es très bon »
bestia odpowiedziała: „Jesteś bardzo dobry"
"et je vous suis très reconnaissant, honnête homme"
„i jestem ci bardzo zobowiązany, uczciwy człowieku"
« Allez-y demain matin »
"idźcie jutro rano"
"mais ne pense plus jamais à revenir ici"
„ale nigdy więcej nie myśl o powrocie tutaj"
« Adieu Belle, adieu bête », répondit-il
„Żegnaj, piękności, żegnaj, bestio" – odpowiedział
et immédiatement le monstre s'est retiré
i natychmiast potwór się wycofał
« Oh, ma fille », dit le marchand
„Och, córko" – powiedział kupiec
et il embrassa sa fille une fois de plus
i ponownie objął córkę
« Je suis presque mort de peur »
„Jestem przerażony na śmierć"
"crois-moi, tu ferais mieux de rentrer"
„uwierz mi, lepiej będzie jak wrócisz"
"Laisse-moi rester ici, à ta place"
„pozwól mi tu zostać, zamiast ciebie"
« Non, père », dit Belle d'un ton résolu.
„Nie, ojcze" – powiedziała piękność stanowczym tonem
"tu partiras demain matin"
„wyruszysz jutro rano"
« Laissez-moi aux soins et à la protection de la Providence »
„pozostaw mnie opiece i ochronie Opatrzności"

néanmoins ils sont allés se coucher
niemniej jednak poszli spać
ils pensaient qu'ils ne fermeraient pas les yeux de la nuit
myśleli, że nie zamkną oczu przez całą noc
mais juste au moment où ils se couchaient, ils s'endormirent
ale gdy się położyli, zasnęli
La belle rêva qu'une belle dame venait et lui disait :
piękność przyśniła się pięknej damie, która przyszła do niej i rzekła:
« Je suis content, Belle, de ta bonne volonté »
„Jestem zadowolony, piękno, z twojej dobrej woli"
« Cette bonne action de votre part ne restera pas sans récompense »
„Twój dobry uczynek nie pozostanie bez nagrody"
Belle s'est réveillée et a raconté son rêve à son père
Piękność obudziła się i opowiedziała ojcu swój sen
le rêve l'a aidé à se réconforter un peu
sen pomógł mu się trochę pocieszyć
mais il ne pouvait s'empêcher de pleurer amèrement en partant
ale nie mógł powstrzymać się od gorzkiego płaczu, gdy odchodził
Dès qu'il fut parti, Belle s'assit dans la grande salle et pleura aussi
zaraz po jego wyjściu piękność usiadła w wielkiej sali i też zaczęła płakać
mais elle résolut de ne pas s'inquiéter
ale postanowiła nie czuć się nieswojo
elle a décidé d'être forte pour le peu de temps qui lui restait à vivre
postanowiła być silna w tym krótkim czasie, który jej pozostał
parce qu'elle croyait fermement que la bête la mangerait
ponieważ głęboko wierzyła, że bestia ją zje
Cependant, elle pensait qu'elle pourrait aussi bien explorer le palais
jednak pomyślała, że równie dobrze może zwiedzić pałac

et elle voulait voir le beau château
i chciała zobaczyć piękny zamek
un château qu'elle ne pouvait s'empêcher d'admirer
zamek, którego nie mogła nie podziwiać
c'était un palais délicieusement agréable
to był zachwycająco przyjemny pałac
et elle fut extrêmement surprise de voir une porte
i była niezwykle zaskoczona, widząc drzwi
et sur la porte il était écrit que c'était sa chambre
a nad drzwiami było napisane, że to jej pokój
elle a ouvert la porte à la hâte
ona szybko otworzyła drzwi
et elle était tout à fait éblouie par la magnificence de la pièce
i była olśniona wspaniałością pokoju
ce qui a principalement retenu son attention était une grande bibliothèque
jej uwagę przykuła przede wszystkim duża biblioteka
un clavecin et plusieurs livres de musique
klawesyn i kilka książek muzycznych
« Eh bien, » se dit-elle
„Cóż" – powiedziała do siebie
« Je vois que la bête ne laissera pas mon temps peser sur moi »
„Widzę, że bestia nie pozwoli, by mój czas wisiał na włosku"
puis elle réfléchit à sa situation
po czym zastanowiła się nad swoją sytuacją
« Si je devais rester un jour, tout cela ne serait pas là »
„Gdybym miał tu zostać jeden dzień, to by tego wszystkiego tu nie było"
cette considération lui inspira un courage nouveau
to rozważenie natchnęło ją nową odwagą
et elle a pris un livre de sa nouvelle bibliothèque
i wzięła książkę ze swojej nowej biblioteki
et elle lut ces mots en lettres d'or :
i przeczytała te słowa złotymi literami:
« Accueillez Belle, bannissez la peur »

„Witaj piękno, wygnaj strach"
« Vous êtes reine et maîtresse ici »
„Jesteś tu królową i panią"
« Exprimez vos souhaits, exprimez votre volonté »
„Wyraź swoje życzenia, wyraź swoją wolę"
« L'obéissance rapide répond ici à vos souhaits »
„Tutaj szybkie posłuszeństwo spełni twoje życzenia"
« Hélas, dit-elle avec un soupir
„Niestety" – powiedziała z westchnieniem
« Ce que je souhaite par-dessus tout, c'est revoir mon pauvre père. »
„Najbardziej pragnę zobaczyć mojego biednego ojca"
"et j'aimerais savoir ce qu'il fait"
„i chciałbym wiedzieć, co on robi"
Dès qu'elle eut dit cela, elle remarqua le miroir
Gdy tylko to powiedziała, zauważyła lustro
à sa grande surprise, elle vit sa propre maison dans le miroir
ku swemu wielkiemu zdziwieniu zobaczyła w lustrze swój własny dom
son père est arrivé émotionnellement épuisé
jej ojciec przybył wyczerpany emocjonalnie
ses sœurs sont allées à sa rencontre
jej siostry poszły go spotkać
malgré leurs tentatives de paraître tristes, leur joie était visible
pomimo prób udawania smutnych, ich radość była widoczna
un instant plus tard, tout a disparu
chwilę później wszystko zniknęło
et les appréhensions de Belle ont également disparu
i obawy dotyczące piękna również zniknęły
car elle savait qu'elle pouvait faire confiance à la bête
bo wiedziała, że może zaufać bestii
À midi, elle trouva le dîner prêt
O południu znalazła gotową kolację
elle s'est assise à la table
usiadła przy stole

et elle a été divertie avec un concert de musique
i zabawiano ją koncertem muzycznym
même si elle ne pouvait voir personne
chociaż nie mogła nikogo zobaczyć
le soir, elle s'est à nouveau assise pour dîner
wieczorem znów zasiadła do kolacji
cette fois elle entendit le bruit que faisait la bête
tym razem usłyszała hałas, jaki wydawała bestia
et elle ne pouvait s'empêcher d'être terrifiée
i nie mogła powstrzymać przerażenia
"Belle", dit le monstre
„Piękno" – powiedział potwór
"est-ce que tu me permets de manger avec toi ?"
„Czy pozwolisz mi zjeść z tobą?"
« Fais comme tu veux », répondit Belle en tremblant
„Rób, co chcesz" odpowiedziała piękność drżąc
"Non", répondit la bête
„Nie" odpowiedziało zwierzę
"tu es seule la maîtresse ici"
"Ty sama jesteś tu panią"
"tu peux me renvoyer si je suis gênant"
„możesz mnie odesłać, jeśli sprawiam kłopoty"
« renvoyez-moi et je me retirerai immédiatement »
„odeślij mnie, a natychmiast się wycofam"
« Mais dis-moi, ne me trouves-tu pas très laide ? »
„Ale powiedz mi, czy nie uważasz, że jestem bardzo brzydka?"
"C'est vrai", dit Belle
„To prawda" – powiedziała piękność
« Je ne peux pas mentir »
„Nie potrafię kłamać"
"mais je crois que tu es de très bonne nature"
„ale wierzę, że jesteś bardzo dobroduszny"
« Je le suis en effet », dit le monstre
„Tak, rzeczywiście" – powiedział potwór
« Mais à part ma laideur, je n'ai pas non plus de bon sens »

„Ale oprócz mojej brzydoty nie mam też żadnego rozumu"
« Je sais très bien que je suis une créature stupide »
„Dobrze wiem, że jestem głupim stworzeniem"
« Ce n'est pas un signe de folie de penser ainsi », répondit Belle.
„Nie jest to oznaką głupoty tak myśleć" – odpowiedziała piękność
« Mange donc, belle », dit le monstre
„Jedz więc, piękna" – powiedział potwór
« essaie de t'amuser dans ton palais »
„spróbuj zabawić się w swoim pałacu"
"tout ici est à toi"
„wszystko tutaj jest twoje"
"et je serais très mal à l'aise si tu n'étais pas heureux"
„i byłoby mi bardzo nieswojo, gdybyś nie był szczęśliwy"
« Vous êtes très obligeant », répondit Belle
„Jesteś bardzo uprzejmy" odpowiedziała piękność
« J'avoue que je suis heureux de votre gentillesse »
„Przyznaję, że jestem zadowolony z Twojej życzliwości"
« et quand je considère votre gentillesse, je remarque à peine vos difformités »
„a gdy pomyślę o twojej dobroci, ledwie zauważam twoje deformacje"
« Oui, oui, dit la bête, mon cœur est bon.
„Tak, tak" – powiedziało zwierzę – „moje serce jest dobre"
"mais même si je suis bon, je suis toujours un monstre"
„ale chociaż jestem dobry, nadal jestem potworem"
« Il y a beaucoup d'hommes qui méritent ce nom plus que toi »
„Jest wielu mężczyzn, którzy bardziej niż ty zasługują na to imię"
"et je te préfère tel que tu es"
"i wolę cię takiego, jaki jesteś"
"et je te préfère à ceux qui cachent un cœur ingrat"
„i wolę cię bardziej niż tych, którzy kryją niewdzięczne serce"
"Si seulement j'avais un peu de bon sens", répondit la bête

„gdybym tylko miał trochę rozumu" – odpowiedziało zwierzę
"Si j'avais du bon sens, je vous ferais un beau compliment pour vous remercier"
„gdybym miał rozum, powiedziałbym ci miły komplement, aby ci podziękować"
"mais je suis si ennuyeux"
„ale jestem taki nudny"
« Je peux seulement dire que je vous suis très reconnaissant »
„Mogę tylko powiedzieć, że jestem Ci bardzo zobowiązany"
Belle a mangé un copieux souper
piękność zjadła obfitą kolację
et elle avait presque vaincu sa peur du monstre
i prawie pokonała strach przed potworem
mais elle a voulu s'évanouir lorsque la bête lui a posé la question suivante
ale chciała zemdleć, gdy bestia zadała jej kolejne pytanie
"Belle, veux-tu être ma femme ?"
"Piękno, czy zostaniesz moją żoną?"
elle a mis du temps avant de pouvoir répondre
trochę czasu jej zajęło zanim mogła odpowiedzieć
parce qu'elle avait peur de le mettre en colère
ponieważ bała się, że go rozgniewa
Mais finalement elle dit "non, bête"
w końcu jednak powiedziała "nie, bestio"
immédiatement le pauvre monstre siffla très effroyablement
biedny potwór natychmiast zasyczał bardzo przeraźliwie
et tout le palais résonna
i cały pałac rozbrzmiał echem
mais Belle se remit bientôt de sa frayeur
ale piękność szybko otrząsnęła się ze strachu
parce que la bête parla encore d'une voix lugubre
bo bestia przemówiła ponownie żałosnym głosem
"Alors adieu, Belle"
„to żegnaj, piękna"
et il ne se retournait que de temps en temps

i tylko od czasu do czasu się odwracał
de la regarder alors qu'il sortait
patrzeć na nią, gdy wychodził
maintenant Belle était à nouveau seule
teraz piękno znów było samotne
elle ressentait beaucoup de compassion
poczuła wielkie współczucie
"Hélas, c'est mille fois dommage"
„Och, to wielka szkoda"
"tout ce qui est si bon ne devrait pas être si laid"
„coś tak dobrodusznego nie powinno być tak brzydkie"
Belle a passé trois mois très heureuse dans le palais
piękność spędziła trzy miesiące bardzo zadowolona w pałacu
chaque soir la bête lui rendait visite
każdego wieczoru bestia ją odwiedzała
et ils ont parlé pendant le dîner
i rozmawiali podczas kolacji
ils ont parlé avec bon sens
rozmawiali ze zdrowym rozsądkiem
mais ils ne parlaient pas avec ce que les gens appellent de l'esprit
ale nie rozmawiali z tym, co ludzie nazywają dowcipnością
Belle a toujours découvert un caractère précieux dans la bête
piękność zawsze odkrywała jakąś wartościową cechę w bestii
et elle s'était habituée à sa difformité
i przyzwyczaiła się do jego deformacji
elle ne redoutait plus le moment de sa visite
nie bała się już czasu jego wizyty
maintenant elle regardait souvent sa montre
teraz często patrzyła na zegarek
et elle ne pouvait pas attendre qu'il soit neuf heures
i nie mogła się doczekać, aż będzie dziewiąta
car la bête ne manquait jamais de venir à cette heure-là
ponieważ bestia nigdy nie przegapiła przyjścia o tej porze
il n'y avait qu'une seule chose qui concernait Belle
była tylko jedna rzecz, która dotyczyła piękna

chaque soir avant d'aller au lit, la bête lui posait la même question
każdej nocy, zanim poszła spać, bestia zadawała jej to samo pytanie
le monstre lui a demandé si elle voulait être sa femme
potwór zapytał ją, czy zostanie jego żoną
un jour elle lui dit : "bête, tu me mets très mal à l'aise"
Pewnego dnia powiedziała mu: „Bestio, bardzo mnie niepokoisz"
« J'aimerais pouvoir consentir à t'épouser »
„Chciałbym wyrazić zgodę na ślub z tobą"
"mais je suis trop sincère pour te faire croire que je t'épouserais"
„ale jestem zbyt szczery, żeby wmówić ci, że chciałbym cię poślubić"
"Notre mariage n'aura jamais lieu"
„nasze małżeństwo nigdy nie dojdzie do skutku"
« Je te verrai toujours comme un ami »
„Zawsze będę cię uważać za przyjaciela"
"S'il vous plaît, essayez d'être satisfait de cela"
„proszę, postaraj się być tym usatysfakcjonowany"
« Je dois me contenter de cela », dit la bête
„Muszę się tym zadowolić" – powiedziało zwierzę
« Je connais mon propre malheur »
„Znam swoje nieszczęście"
"mais je t'aime avec la plus tendre affection"
„ale kocham cię najczulszym uczuciem"
« Cependant, je devrais me considérer comme heureux »
„Jednakże powinienem uważać się za szczęśliwego"
"et je serais heureux que tu restes ici"
„i powinnam być szczęśliwa, że tu zostaniesz"
"promets-moi de ne jamais me quitter"
„obiecuj mi, że nigdy mnie nie opuścisz"
Belle rougit à ces mots
Piękność zarumieniła się na te słowa
Un jour, Belle se regardait dans son miroir

Pewnego dnia piękność spojrzała w lustro
son père s'était inquiété à mort pour elle
jej ojciec bardzo się o nią martwił
elle avait plus que jamais envie de le revoir
pragnęła go zobaczyć jeszcze bardziej niż kiedykolwiek
« Je pourrais te promettre de ne jamais te quitter complètement »
„Mogę obiecać, że nigdy cię całkowicie nie opuszczę"
"mais j'ai tellement envie de voir mon père"
„ale mam wielką ochotę zobaczyć mojego ojca"
« Je serais terriblement contrarié si tu disais non »
„Byłbym niesamowicie zdenerwowany, gdybyś powiedział nie"
« Je préfère mourir moi-même », dit le monstre
„Wolałbym umrzeć sam" – powiedział potwór
« Je préférerais mourir plutôt que de te mettre mal à l'aise »
„Wolę umrzeć, niż sprawić ci przykrość"
« Je t'enverrai vers ton père »
„Poślę cię do twojego ojca"
"tu resteras avec lui"
„pozostaniesz z nim"
"et cette malheureuse bête mourra de chagrin à la place"
„a to nieszczęsne zwierzę umrze z żalu"
« Non », dit Belle en pleurant
„Nie" – powiedziała piękność, płacząc
"Je t'aime trop pour être la cause de ta mort"
„Kocham cię zbyt mocno, żeby być przyczyną twojej śmierci"
"Je te promets de revenir dans une semaine"
„Obiecuję, że wrócę za tydzień"
« Tu m'as montré que mes sœurs sont mariées »
„Pokazałeś mi, że moje siostry są mężatkami"
« et mes frères sont partis à l'armée »
„a moi bracia poszli do wojska"
« laisse-moi rester une semaine avec mon père, car il est seul »
„pozwól mi zostać tydzień u ojca, bo jest sam"

« Tu seras là demain matin », dit la bête
„Będziesz tam jutro rano" – powiedziało zwierzę
"mais souviens-toi de ta promesse"
„ale pamiętaj o swojej obietnicy"
« Il vous suffit de poser votre bague sur une table avant d'aller vous coucher »
„Wystarczy, że położysz pierścionek na stole przed pójściem spać"
"et alors tu seras ramené avant le matin"
„a potem zostaniecie sprowadzeni z powrotem przed rankiem"
« Adieu chère Belle », soupira la bête
„Żegnaj, droga piękności" – westchnęła bestia
Belle s'est couchée très triste cette nuit-là
Tej nocy piękność poszła spać bardzo smutna
parce qu'elle ne voulait pas voir la bête si inquiète
ponieważ nie chciała widzieć tak zmartwionego zwierzęcia
le lendemain matin, elle se retrouva chez son père
Następnego ranka znalazła się w domu swojego ojca
elle a sonné une petite cloche à côté de son lit
zadzwoniła małym dzwoneczkiem przy łóżku
et la servante poussa un grand cri
a służąca wydała głośny krzyk
et son père a couru à l'étage
a jej ojciec pobiegł na górę
il pensait qu'il allait mourir de joie
myślał, że umrze ze szczęścia
il l'a tenue dans ses bras pendant un quart d'heure
trzymał ją w ramionach przez kwadrans
Finalement, les premières salutations étaient terminées
w końcu pierwsze powitania dobiegły końca
Belle a commencé à penser à sortir du lit
piękność zaczęła myśleć o wstaniu z łóżka
mais elle s'est rendu compte qu'elle n'avait apporté aucun vêtement
ale zdała sobie sprawę, że nie zabrała ze sobą żadnych ubrań

mais la servante lui a dit qu'elle avait trouvé une boîte
ale pokojówka powiedziała jej, że znalazła pudełko
le grand coffre était plein de robes et de robes
duży kufer był pełen sukien i sukienek
chaque robe était couverte d'or et de diamants
każda suknia była pokryta złotem i diamentami
La Belle a remercié la Bête pour ses bons soins
Piękna podziękowała bestii za jej miłą opiekę
et elle a pris l'une des robes les plus simples
i założyła jedną z najzwyklejszych sukienek
elle avait l'intention de donner les autres robes à ses sœurs
zamierzała oddać pozostałe sukienki swoim siostrom
mais à cette pensée le coffre de vêtements disparut
ale w tej chwili skrzynia z ubraniami zniknęła
la bête avait insisté sur le fait que les vêtements étaient pour elle seulement
Bestia upierała się, że te ubrania są tylko dla niej
son père lui a dit que c'était le cas
jej ojciec powiedział jej, że tak było
et aussitôt le coffre de vêtements est revenu
i natychmiast kufer z ubraniami wrócił
Belle s'est habillée avec ses nouveaux vêtements
piękność ubrała się w nowe ubrania
et pendant ce temps les servantes allèrent chercher ses sœurs
a tymczasem służące poszły szukać jej sióstr
ses deux sœurs étaient avec leurs maris
obie jej siostry były ze swoimi mężami
mais ses deux sœurs étaient très malheureuses
ale obie jej siostry były bardzo nieszczęśliwe
sa sœur aînée avait épousé un très beau gentleman
jej najstarsza siostra wyszła za mąż za bardzo przystojnego dżentelmena
mais il était tellement amoureux de lui-même qu'il négligeait sa femme
ale był tak zapatrzony w siebie, że zaniedbał żonę
sa deuxième sœur avait épousé un homme spirituel

jej druga siostra wyszła za mąż za dowcipnego mężczyznę
mais il a utilisé son esprit pour tourmenter les gens
ale używał swojego dowcipu, by dręczyć ludzi
et il tourmentait surtout sa femme
i najbardziej ze wszystkich dręczył swoją żonę
Les sœurs de Belle l'ont vue habillée comme une princesse
siostry piękności widziały ją ubraną jak księżniczkę
et ils furent écœurés d'envie
i byli zniesmaczeni zazdrością
maintenant elle était plus belle que jamais
teraz była piękniejsza niż kiedykolwiek
son comportement affectueux n'a pas pu étouffer leur jalousie
jej pełne uczuć zachowanie nie mogło stłumić ich zazdrości
elle leur a dit combien elle était heureuse avec la bête
powiedziała im, jak bardzo jest szczęśliwa z bestią
et leur jalousie était prête à éclater
a ich zazdrość była bliska wybuchu
Ils descendirent dans le jardin pour pleurer leur malheur
Zeszli do ogrodu, aby płakać nad swoim nieszczęściem
« **En quoi cette petite créature est-elle meilleure que nous ?** »
„W czym to małe stworzenie jest lepsze od nas?"
« **Pourquoi devrait-elle être tellement plus heureuse ?** »
„Dlaczego miałaby być o wiele szczęśliwsza?"
« **Sœur** », **dit la sœur aînée**
„Siostro" – powiedziała starsza siostra
"**une pensée vient de me traverser l'esprit**"
"właśnie przyszła mi do głowy pewna myśl"
« **Essayons de la garder ici plus d'une semaine** »
„Spróbujmy zatrzymać ją tutaj na dłużej niż tydzień"
"**Peut-être que cela fera enrager ce monstre idiot**"
„może to rozwścieczy głupiego potwora"
« **parce qu'elle aurait manqué à sa parole** »
„ponieważ złamałaby dane słowo"
"**et alors il pourrait la dévorer**"
„a potem mógłby ją pożreć"

"C'est une excellente idée", répondit l'autre sœur
„To świetny pomysł" odpowiedziała druga siostra
« Nous devons lui montrer autant de gentillesse que possible »
„Musimy okazać jej jak najwięcej życzliwości"
les sœurs en ont fait leur résolution
siostry podjęły takie postanowienie
et ils se sont comportés très affectueusement envers leur sœur
i zachowywali się bardzo czule wobec swojej siostry
pauvre Belle pleurait de joie à cause de toute leur gentillesse
biedna piękność płakała z radości z powodu ich dobroci
quand la semaine fut expirée, ils pleurèrent et s'arrachèrent les cheveux
gdy tydzień dobiegł końca, płakali i wyrywali sobie włosy
ils semblaient si désolés de se séparer d'elle
Wydawali się bardzo żałować, że muszą się z nią rozstać
et Belle a promis de rester une semaine de plus
i piękność obiecała zostać tydzień dłużej
Pendant ce temps, Belle ne pouvait s'empêcher de réfléchir sur elle-même
Tymczasem piękność nie mogła powstrzymać się od refleksji nad sobą
elle s'inquiétait de ce qu'elle faisait à la pauvre bête
martwiła się, co robi biednemu zwierzęciu
elle sait qu'elle l'aimait sincèrement
ona wie, że szczerze go kochała
et elle avait vraiment envie de le revoir
i naprawdę pragnęła go znowu zobaczyć
la dixième nuit qu'elle a passée chez son père aussi
dziesiątą noc spędziła również u ojca
elle a rêvé qu'elle était dans le jardin du palais
śniło jej się, że była w ogrodzie pałacowym
et elle rêva qu'elle voyait la bête étendue sur l'herbe
i śniło jej się, że widziała bestię rozciągniętą na trawie
il semblait lui faire des reproches d'une voix mourante

zdawał się ją wyrzucać umierającym głosem
et il l'accusa d'ingratitude
i oskarżył ją o niewdzięczność
Belle s'est réveillée de son sommeil
piękność obudziła się ze snu
et elle a fondu en larmes
i wybuchła płaczem
« Ne suis-je pas très méchant ? »
„Czyż nie jestem bardzo zły?"
« N'était-ce pas cruel de ma part d'agir si méchamment envers la bête ? »
„Czyż nie było okrutne z mojej strony, że byłem tak nieuprzejmy wobec bestii?"
"la bête a tout fait pour me faire plaisir"
„bestia zrobiła wszystko, żeby mnie zadowolić"
« Est-ce sa faute s'il est si laid ? »
„Czy to jego wina, że jest taki brzydki?"
« Est-ce sa faute s'il a si peu d'esprit ? »
„Czy to jego wina, że ma tak mało rozumu?"
« Il est gentil et bon, et cela suffit »
„On jest miły i dobry, i to wystarczy"
« Pourquoi ai-je refusé de l'épouser ? »
„Dlaczego odmówiłam wyjścia za niego?"
« Je devrais être heureux avec le monstre »
„Powinienem być zadowolony z potwora"
« regarde les maris de mes sœurs »
„spójrz na mężów moich sióstr"
« Ni l'esprit, ni la beauté ne les rendent bons »
„ani dowcipność, ani uroda nie czynią ich dobrymi"
« aucun de leurs maris ne les rend heureuses »
„żaden z ich mężów nie sprawia im radości"
« mais la vertu, la douceur de caractère et la patience »
„lecz cnota, łagodność usposobienia i cierpliwość"
"ces choses rendent une femme heureuse"
„te rzeczy uszczęśliwiają kobietę"
"et la bête a toutes ces qualités précieuses"

„a bestia ma wszystkie te cenne cechy"
"c'est vrai, je ne ressens pas de tendresse et d'affection pour lui"
„to prawda, nie czuję do niego czułości i uczucia"
"mais je trouve que j'éprouve la plus grande gratitude envers lui"
„ale czuję wobec niego ogromną wdzięczność"
"et j'ai la plus haute estime pour lui"
„i mam dla niego najwyższy szacunek"
"et il est mon meilleur ami"
„i on jest moim najlepszym przyjacielem"
« Je ne le rendrai pas malheureux »
„Nie będę go unieszczęśliwiać"
« Si j'étais si ingrat, je ne me le pardonnerais jamais »
„Gdybym był tak niewdzięczny, nigdy bym sobie nie wybaczył"
Belle a posé sa bague sur la table
piękność położyła swój pierścionek na stole
et elle est retournée au lit
i znowu poszła spać
à peine était-elle au lit qu'elle s'endormit
ledwo leżała w łóżku, bo zasnęła
elle s'est réveillée à nouveau le lendemain matin
obudziła się następnego ranka
et elle était ravie de se retrouver dans le palais de la bête
i była przeszczęśliwa, że znalazła się w pałacu bestii
elle a mis une de ses plus belles robes pour lui faire plaisir
założyła jedną ze swoich najpiękniejszych sukienek, żeby mu dogodzić
et elle attendait patiemment le soir
i cierpliwie czekała na wieczór
enfin l' heure tant souhaitée est arrivée
nadeszła upragniona godzina
L'horloge a sonné neuf heures, mais aucune bête n'est apparue
zegar wybił dziewiątą, a żadne zwierzę się nie pojawiło

La belle craignit alors d'avoir été la cause de sa mort
Piękność zaczęła się obawiać, że to ona była przyczyną jego śmierci
elle a couru en pleurant dans tout le palais
biegała i płakała po całym pałacu
après l'avoir cherché partout, elle se souvint de son rêve
po tym jak wszędzie go szukała, przypomniał sobie swój sen
et elle a couru vers le canal dans le jardin
i pobiegła do kanału w ogrodzie
là elle a trouvé la pauvre bête étendue
tam znalazła biedne zwierzę wyciągnięte
et elle était sûre de l'avoir tué
i była pewna, że go zabiła
elle se jeta sur lui sans aucune crainte
rzuciła się na niego bez żadnego strachu
son cœur battait encore
jego serce wciąż biło
elle est allée chercher de l'eau au canal
przyniosła trochę wody z kanału
et elle versa l'eau sur sa tête
i wylała mu wodę na głowę
la bête ouvrit les yeux et parla à Belle
bestia otworzyła oczy i przemówiła do piękna
« **Tu as oublié ta promesse** »
„Zapomniałeś o swojej obietnicy"
« **J'étais tellement navrée de t'avoir perdu** »
„Byłam tak załamana, że cię straciłam"
« **J'ai décidé de me laisser mourir de faim** »
„Postanowiłem się zagłodzić"
"**mais j'ai le bonheur de te revoir une fois de plus**"
„ale mam szczęście widzieć cię jeszcze raz"
"**j'ai donc le plaisir de mourir satisfait**"
„więc mam przyjemność umrzeć zadowolony"
« **Non, chère bête** », dit Belle, « **tu ne dois pas mourir** »
„Nie, kochana bestio" – rzekła piękność – „nie wolno ci umrzeć"

« Vis pour être mon mari »
„Żyj, aby być moim mężem"
"à partir de maintenant je te donne ma main"
„od tej chwili podaję ci swoją rękę"
"et je jure de n'être que le tien"
„i przysięgam, że nie będę należał do nikogo innego, jak tylko do ciebie"
« Hélas ! Je pensais n'avoir que de l'amitié pour toi »
„Ach! Myślałem, że mam dla ciebie tylko przyjaźń"
« mais la douleur que je ressens maintenant m'en convainc » ;
„ale smutek, który teraz czuję, przekonuje mnie;"
"Je ne peux pas vivre sans toi"
„Nie mogę żyć bez ciebie"
Belle avait à peine prononcé ces mots lorsqu'elle vit une lumière
Piękność ledwie wypowiedziała te słowa, gdy zobaczyła światło
le palais scintillait de lumière
pałac lśnił światłem
des feux d'artifice ont illuminé le ciel
fajerwerki rozświetliły niebo
et l'air rempli de musique
a powietrze wypełniła muzyka
tout annonçait un grand événement
wszystko wskazywało na jakieś wielkie wydarzenie
mais rien ne pouvait retenir son attention
ale nic nie mogło przykuć jej uwagi
elle s'est tournée vers sa chère bête
zwróciła się do swego kochanego zwierzęcia
la bête pour laquelle elle tremblait de peur
bestia , przed którą drżała ze strachu
mais sa surprise fut grande face à ce qu'elle vit !
ale to, co zobaczyła, bardzo ją zdziwiło!
la bête avait disparu
bestia zniknęła

Au lieu de cela, elle a vu le plus beau prince
zamiast tego zobaczyła najpiękniejszego księcia
elle avait mis fin au sort
położyła kres czarowi
un sort sous lequel il ressemblait à une bête
zaklęcie, pod wpływem którego przypominał bestię
ce prince était digne de toute son attention
ten książę był godzien całej jej uwagi
mais elle ne pouvait s'empêcher de demander où était la bête
ale nie mogła powstrzymać się od pytania, gdzie jest bestia
« Vous le voyez à vos pieds », dit le prince
„Widzisz go u swoich stóp" – powiedział książę
« Une méchante fée m'avait condamné »
„Zła wróżka mnie potępiła"
« Je devais rester dans cette forme jusqu'à ce qu'une belle princesse accepte de m'épouser »
„Miałem pozostać w tej formie, dopóki piękna księżniczka nie zgodzi się mnie poślubić"
"la fée a caché ma compréhension"
„wróżka ukryła moje zrozumienie"
« tu étais le seul assez généreux pour être charmé par la bonté de mon caractère »
„byłeś jedyną osobą na tyle hojną, że oczarował cię mój dobry charakter"
Belle était agréablement surprise
Piękność była mile zaskoczona
et elle donna sa main au charmant prince
i podała rękę czarującemu księciu
ils sont allés ensemble au château
razem weszli do zamku
et Belle fut ravie de retrouver son père au château
i piękność była przeszczęśliwa, gdy znalazła ojca w zamku
et toute sa famille était là aussi
i cała jej rodzina też tam była
même la belle dame qui lui était apparue dans son rêve était là

nawet piękna kobieta, która pojawiła się w jej śnie, była tam
"Belle", dit la dame du rêve
„Piękno" – powiedziała dama ze snu
« viens et reçois ta récompense »
„przyjdź i odbierz swoją nagrodę"
« Vous avez préféré la vertu à l'esprit ou à l'apparence »
„wybrałeś cnotę ponad dowcip i wygląd"
"et tu mérites quelqu'un chez qui ces qualités sont réunies"
„i zasługujesz na kogoś, u kogo te cechy są połączone"
"tu vas être une grande reine"
„będziesz wielką królową"
« J'espère que le trône ne diminuera pas votre vertu »
„Mam nadzieję, że tron nie umniejszy twojej cnoty"
puis la fée se tourna vers les deux sœurs
następnie wróżka zwróciła się do dwóch sióstr
« J'ai vu à l'intérieur de vos cœurs »
„Widziałem w waszych sercach"
"et je connais toute la méchanceté que contiennent vos cœurs"
„i znam całą złość, jaką kryją w sobie wasze serca"
« Vous deux deviendrez des statues »
„wy dwaj staniecie się posągami"
"mais vous garderez votre esprit"
„ale zachowacie swoje umysły"
« Tu te tiendras aux portes du palais de ta sœur »
„staniesz u bram pałacu swojej siostry"
"Le bonheur de ta sœur sera ta punition"
„szczęście twojej siostry będzie twoją karą"
« vous ne pourrez pas revenir à vos anciens états »
„nie będziesz mógł powrócić do swoich poprzednich stanów"
« à moins que vous n'admettiez tous les deux vos fautes »
„chyba że oboje przyznacie się do swoich błędów"
"mais je prévois que vous resterez toujours des statues"
„ale przewiduję, że zawsze pozostaniecie posągami"
« L'orgueil, la colère, la gourmandise et l'oisiveté sont parfois vaincus »

„duma, gniew, obżarstwo i lenistwo bywają przezwyciężane"
" mais la conversion des esprits envieux et malveillants sont des miracles "
„ lecz nawrócenie zazdrosnych i złośliwych umysłów jest cudem"
immédiatement la fée donna un coup de baguette
Wróżka natychmiast machnęła różdżką
et en un instant tous ceux qui étaient dans la salle furent transportés
i w jednej chwili wszyscy, którzy byli w sali, zostali przeniesieni
ils étaient entrés dans les domaines du prince
udali się do włości księcia
les sujets du prince l'ont reçu avec joie
poddani księcia przyjęli go z radością
le prêtre a épousé Belle et la bête
ksiądz poślubił piękną i bestię
et il a vécu avec elle de nombreuses années
i żył z nią wiele lat
et leur bonheur était complet
i ich szczęście było pełne
parce que leur bonheur était fondé sur la vertu
ponieważ ich szczęście opierało się na cnocie

La fin
Koniec

www.ingramcontent.com/pod-product-compliance
Lightning Source LLC
Chambersburg PA
CBHW011556070526
44585CB00023B/2631